少年口才

恶作剧之日

接打电话的礼仪

时间岛图书研发中心◎编绘

北京时代华文书局

图书在版编目（CIP）数据

少年口才班. 恶作剧之日 / 时间岛图书研发中心编绘. -- 北京：北京时代华文书局，2021.6
ISBN 978-7-5699-4197-5

Ⅰ. ①少… Ⅱ. ①时… Ⅲ. ①口才学－少儿读物 Ⅳ. ①H019-49

中国版本图书馆CIP数据核字（2021）第112952号

少年口才班　恶作剧之日
SHAONIAN KOUCAIBAN EZUOJU ZHI RI

编 绘 者｜时间岛图书研发中心

出 版 人｜陈　涛
选题策划｜郄亚威
责任编辑｜石乃月
封面设计｜王淑聪
责任印制｜刘　银

出版发行｜北京时代华文书局 http://www.bjsdsj.com.cn
　　　　　北京市东城区安定门外大街138号皇城国际大厦A座8楼
　　　　　邮编：100011　电话：010-64267955　64267677
印　　刷｜唐山富达印务有限公司　电话：022-69381830
　　　　　（如发现印装质量问题，请与印刷厂联系调换）
开　　本｜787mm×1092mm　1/32　　印　张｜1.5　　字　数｜16千字
版　　次｜2021年6月第1版　　　　 印　次｜2021年6月第1次印刷
书　　号｜ISBN 978-7-5699-4197-5
定　　价｜160.00元（全10册）

版权所有，侵权必究

接打电话必备技能

- 打电话时先**自报家门**
- 重要信息**说清楚**
- 接听电话要有**礼貌**
- 不要急着**挂断电话**
- 重要的事情多**重复几次**

主人公登场

夏小佐

个人简介

不太守规矩，酷爱新鲜事物，任何场合都能玩得很嗨的夏小佐

夏小佑

个人简介

成绩超好，举止优雅，爱帮助别人的暖心小女孩夏小佑

贾博

个人简介

喜欢认识新朋友，口才一级棒，有时候却粗心大意到让人抓狂的贾博

米娜

个人简介

爱吃草莓，胆子小，说话温柔，爱哭又爱笑的米娜

柏丽尔

个人简介

喜欢扎马尾辫，热爱小动物的高个子女生柏丽尔

小佐妈妈

个人简介

注重形象，做得一手好菜，却害怕猫的小佐妈妈

小佐爸爸

个人简介

慢条斯理，经常挨妈妈批评的小佐爸爸

雪老师

个人简介

有学问又有耐心，非常了解孩子的班主任雪老师

苗校长

个人简介

和蔼可亲，又不失幽默风趣的胖胖的苗校长

目 录 MULU

故事 1 恶作剧之日　001

主演
客串

故事 2 一不小心成了英雄　009

主演
客串

故事 3　一串钥匙　016

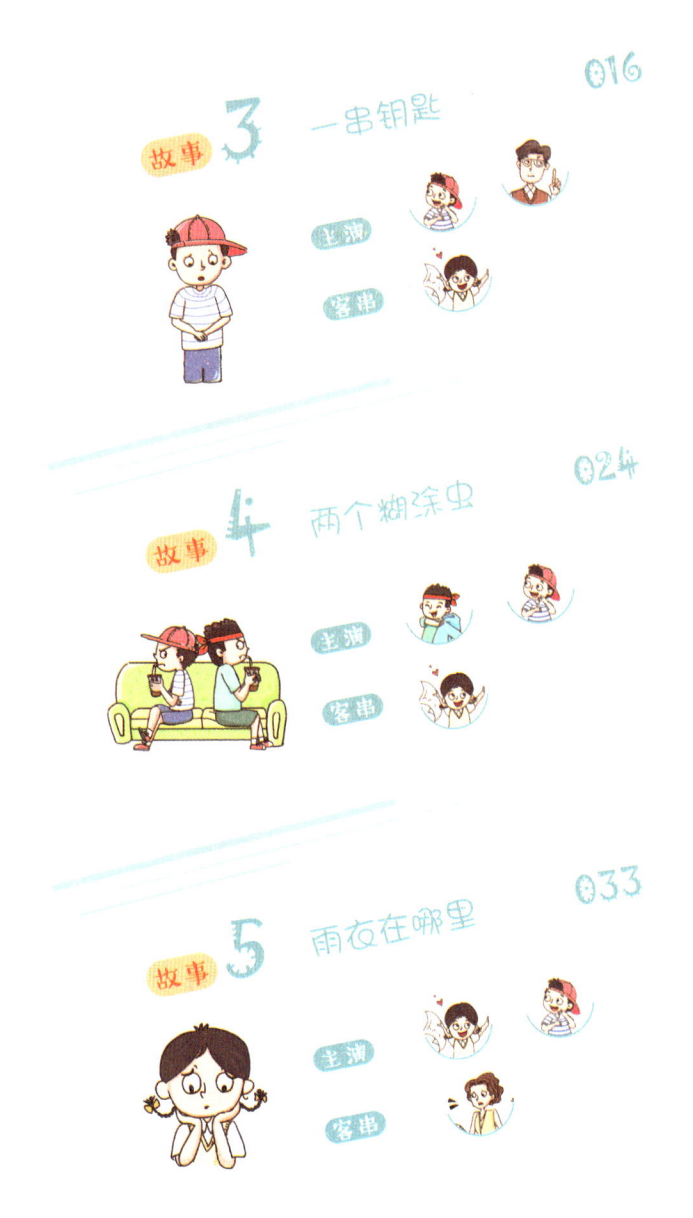

主演
客串

故事 4　两个糊涂虫　024

主演
客串

故事 5　雨衣在哪里　033

主演
客串

如今，电话成了我们日常生活中必备的交流工具。接打电话既能锻炼孩子与人沟通的能力，又能训练口才。如果孩子不知道打电话时的说话方式和礼仪技巧，就需要父母重视起来，进行必要的引导。

故事 1

恶作剧之日

4月1日愚人节,是夏小佐最喜欢的日子。因为在这一天,他可以尽情发挥自己的特长——搞恶作剧。

"今天想个什么新花样呢?"夏小佐在屋子里转来转去想办法。忽然,他想到一个好主意:"哈,打电话。"

"你要给谁打电话?"夏小佑警惕地问。

夏小佐脑瓜一转:"**米娜!**"

"米娜是我的好朋友,你不要太过分啊,她胆子那么小。"夏小佑替米娜捏了一把汗。

"放心吧,我不会吓唬她的,只是跟她开一个**小小的玩笑**。"夏小佐说着拨通了米娜家的电话。

"喂,你好!我是米娜,请问您是哪位?"电话那头传来米娜的声音。

夏小佐掐着嗓子,用一种怪里怪气的腔调说:"你连我的声音都听不出来吗?我可是你的

好朋友。"

"你是浩浩？"

"不是。"

"夏小佑？"

"不是。"

"贾博？"

"不是。"

一口气猜了好几个名字都被否定了，米娜不耐烦了，问道："你到底是谁？找我有事吗？"

"没事，我就是想……"夏小佑的话还没说完，米娜就气呼呼地挂断了电话。

"米娜的语气听起来很不高兴，她会不会真的生气了？"夏小佑不放心，想跟米娜打个电话解释一下。就在这个时候，电话响了。

"一定是米娜猜到我了！"夏小佑激动地

抢过电话,却听到了一个陌生的声音:"你是阳光小学的夏小佐吗?"

"我是夏小佐,你是谁呀?"夏小佐问。

"**什么?** 你竟然不知道我是谁?太过分了吧!你上次借了我一块儿橡皮,到现在还没还呢!"那个声音听起来很不友好。

夏小佐听得头皮发麻。他把眉毛拧成了黑疙瘩,拼命地在脑子里回忆自己的好朋友,电话那头的声音不耐烦了:"你要是猜不出来我可生气了。"

"别生气,我马上就猜出来了。"夏小佐一个挨一个地把朋友们的名字说了一遍,但对方都说猜的不对。

"唉，还说我们是好朋友呢，你竟然连我的名字都不记得，我真的太伤心了，呜呜……"说着说着，电话那头竟然哭了起来。

"别哭别哭，让我再想想。"夏小佐慌了神，赶紧把电话放到夏小佑耳边，让她帮忙猜猜是谁。

夏小佑听了半天，也没听出到底是谁的声音，无奈地摆摆手。

时间一分一秒地过去了，夏小佐问了半天，对方就是不肯说出自己的名字。夏小佐的耐心

被消耗得差不多了,他急得**抓耳挠腮**,心里突然蹿出一股火,大声吼道:"你到底是谁呀?再不说出来我就挂断了。"

"别挂!别挂!"

电话里突然传出贾博的声音:"我是贾博,愚人节快乐!"

"我一点儿也不快乐。"夏小佐说,"我都快被你气炸了。"

"**哦!**"贾博故意拉长声音说,"既然是这样,那你为什么要用这种方法跟米娜搞恶作剧呢?

她已经生气了。"

夏小佐和夏小佑大吃一惊:"你怎么知道?"

贾博说:"我来米娜家问作业,恰好听见你和米娜打电话。虽然你做了伪装,但我一猜就知道这事是你干的。所以,我就来了个以牙还牙,让你长长教训。"

唉,这下可好,本来想愚弄别人,结果却被愚弄了,还生了一肚子气,这就是传说中的"**偷鸡不成蚀把米**"吧?夏小佐决定,以后再也不干这种事了。

老师说

打电话的时候看不见人，只能通过声音来交流。所以在给别人打电话的时候，首先要用简洁的语言报上自己的姓名，让对方知道你是谁。像夏小佐那样让别人猜来猜去，就算是开玩笑，也会惹人烦的。

故事 2

一不小心成了英雄

贾博这几天迷上了悠悠球,一到课间就拿着悠悠球四处炫耀:"怎么样?我玩得不错吧?在玩悠悠球这方面,我简直就是个天才。"

"切!"夏小佐翻着白眼说,"我要是有悠悠球,肯定比你玩得好!"

放学后,夏小佐嬉皮笑

脸地央求妈妈："给我买一个悠悠球吧，**我的好妈妈！**"

"你拿着我的手机，自己去便利店买吧！"妈妈说着又转身嘱咐夏小佑，"你和哥哥一起去吧，我怕这个马大哈记不住密码。"

兄妹俩拿着手机直奔便利店，走着走着，他们忽然闻到一股烧焦的味道。

"这是什么味儿啊？"他们捂着鼻子四处张望，惊讶地发现一户人家着火了，黑色的浓烟从窗户里飘出来。

"不好，着火啦！小佑，快打电话报警。"

在夏小佐的提示下，夏小佑赶紧拨通了119。

"喂，您好，有什么可以帮到您？"电话那边传来一个很亲切的声音。

"**着火了。**"夏小佑看着屋子里的小火苗，

慌里慌张地说,"在我们小区,一个楼上,窗户里在冒黑烟。"

"小姑娘,你别着急,告诉我,你住在哪个小区,着火的位置在哪里。"

"我住在幸福小区,着火的位置在……"夏小佑往四周看了看说,"在我的右手边,第三个窗户。"

"几号楼？几单元？"接线员耐心地说，"你得告诉我准确的位置。"

火势越来越大了，夏小佑彻底慌了神，脑子里一片空白。她赶紧把手机塞给夏小佐，跺着脚说："哥哥，**你跟他说吧**，我说不清楚。"

夏小佐接过手机，不慌不忙地说："着火的位置在幸福小区5号楼2单元3层。**你们赶快过来吧！**"

"好，你们保护好自己，我们马上出发。"

挂断电话以后，夏小佐和夏小佑默默地在心里祈祷，希望消防员早一点儿到来。

围观的人越来越多，他们有的通知住户赶紧下楼，有的去联系物业……大家正急得**团团转**，消防车来了。

消防员叔叔从车上跳下来，拉出管子集中向着火的地方喷水。不一会儿，火便被扑灭了，人们都松了一口气。

这时，有位老爷爷颤巍巍地走过来，盯着那个窗口喊了起来："哎呀！我把壶放到火上，出来买盐，忘了关火啦！"老爷爷激动地抓住消防员叔叔的手，不停地说谢谢。

消防员叔叔说："大爷，这是我们的职责，您以后可千万不能这样大意了，不然后果不堪设

想啊！您要谢就谢打电话报警的那两个小朋友吧，是他们发现了火情，及时通知我们的。"

"啊？是谁报的警啊？"

老爷爷的眼神急切地在人群中寻找，大家都摇头否认。

夏小佐和夏小佑相视一笑，默默地拉着手走出了人群。

"没想到我们一不小心，就成了**救火英雄**。"

"只要老爷爷家没事就好，刚才我都被吓傻了，连话也说不清楚了。幸亏有你在身边，及时把地址说清楚了。"

"这还能难倒我？我可是临危不乱的大英雄。"

兄妹俩迈着轻快的步子走向便利店。

老师说

在生活中遇到紧急情况，需要打电话求助时，一定要说清自己的准确位置，比如哪条街，哪个小区，几号楼。如果是在外面，可以说出附近的标志性建筑或场所，比如XX公园，XX商厦，等等。

故事 3

一串钥匙

夏小佐的爸爸在小区里散步的时候，不小心把一串钥匙弄丢了。那里面既有家门钥匙，又有汽车钥匙，非常重要。爸爸赶紧写了一张**寻物启事**，贴在小区的布告栏里。可是两天过去了，一点儿消息也没有。

第三天傍晚，爸爸和妈妈正在厨房里包饺子，爸爸的手机响了。爸爸

的手上沾满了面粉，不方便接电话，就对夏小佐说："小佐，快来帮我**接一下电话**。"

夏小佐正在摆弄新买的玩具手枪，不情愿地说："人家玩得正高兴呢，这个电话来得真不是时候。"

他嘟囔着拿起手机，发现是一个陌生号码。他心里没好气，一屁股坐在沙发上，跷着二郎腿一边抖动，一边不耐烦地问："喂，你是谁？**找我爸爸有什么事？**"

电话那头愣了一下，说了一句："**打错了，再见。**"就气呼呼地把电话挂了。

爸爸从厨房里探出头来，好奇地问："谁来的电话？"

"不认识，他说打错电话了，态度还不好，莫名

其妙。"夏小佐没太在意,继续低头摆弄玩具手枪。

夏小佑猛地从画架后面跳出来:"哎呀,会不会是有人捡到了爸爸的钥匙呀?"

"**有可能!**"爸爸赶紧拨通了那个号码,客客气气地问,"您好,请问您刚才是不是给我打过电话?"

"我捡到了一串钥匙,和寻物启事上说的那

串很像,就想打电话核实一下,可是刚才接电话的那个孩子太没礼貌了。"电话那头传来一个很不愉快的声音。

爸爸瞪了夏小佐一眼,满脸堆着笑说:"先生,真对不起,刚才接电话的是我儿子,我一会儿带他去跟您登门道歉。"

爸爸问清了对方的地址以后,挂断电话,问夏小佐:"你刚才接电话的时候,是不是很没有礼貌?人家都生气了。"

夏小佐低着头说:"我只是不耐烦地抖了抖腿,说话的时候语气粗暴了一点儿。谁知道他是来给咱家送钥匙的呀?要是知道,我就不会这么跟他说话了。"

"不管是谁打来电话,哪怕真的有人打错电话,我们接电话的时候都要有礼貌,这是一个人的基本素养。**快换上鞋,跟我去道歉。**"爸爸真的有点儿生气了。

夏小佐乖乖地跟着爸爸来到一个陌生人家的门口，轻轻敲了敲门。

门开了，一个和爸爸年纪差不多的叔叔把他们请进了屋里。夏小佐低着头说："叔叔，对不起，我刚才在电话里太没有礼貌了。"

叔叔盯着夏小佐问："你接电话的时候是不是非常不耐烦，而且还**抖着腿**？"

"你怎么知道？难道你在我家里安装了摄像头？"夏小佐抬起头，**惊讶**地瞪大眼睛。

叔叔"扑哧"一声笑了:"根本用不着摄像头。虽然打电话的时候,两个人都看不见对方,但从语气里,也能听出对方在讲话的时候是什么样的态度。我挂断电话的时候,也有点儿生气,你应该听出来了吧?"

"嗯,"夏小佐认真地点点头,"我当时还在想,这个人自己打错了电话,怎么还这么不礼貌呢!看来您说得太对了,以后在接打电话的时候,我一定会客气礼貌的,让电话那头的人隔着老远就能知道,我是一个懂礼貌的好孩子。"

"这就对了!"叔叔高兴地把钥匙还给了爸爸。爸爸接过失而复得的钥匙,和叔叔握了握手,俩人就此成了好朋友,心里美滋滋的。

老师说

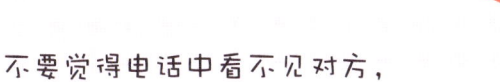

不要觉得电话中看不见对方，就可以不讲礼貌哟！讲礼貌可不是作业或者什么任务，而是一个人的基本素养。你的行为习惯，会通过你说话的语气、说话的内容表现出来，让别人感受到。

故事 4

两个糊涂虫

夏小佐和贾博在电话中约好，8点在体育公园门口见面，一起去足球场里踢球。

7点50分，夏小佐拿着球来到体育公园门口，等啊等，过了8点半连贾博的影子也没等来。

天气非常热，夏小佐等得口干舌燥，气呼呼地抱着球回家了。

"贾博**太不守信用了**，明明说好8点见面，到现在也没出现，**气死人了**。"夏小佐把球扔在地上，坐在沙发上生闷气。

夏小佑也觉得奇怪："贾博从来不会迟到，如果他临时有事，肯定会想办法告诉你的，不会让你傻等着的。"

兄妹俩正纳闷，门铃响了。

夏小佑打开门，看见贾博气呼呼地站在门口。他热得满脸通红，呼哧呼哧地喘着粗气，问道："夏小佐，你让我在公园门口等着，自己却在家里吹空调，**这是什么意思**！"

听了贾博的话，夏小佐心里的火"**噌**"地一下蹿出老高："**嘿**！你还敢说我！我还想找你

算账呢，我 7 点 50 分就到了，怎么没看见你？"

"我 7 点半就到了。"贾博也抬高了嗓门。

两个好朋友顿时变成了两只好斗的大公鸡，争得脸红脖子粗。

"别吵了，别吵了，先冷静一下。"

夏小佑贴心地端来两杯可乐给他们灭火。

两个小伙伴一个面向左边坐着，一个面向右边坐着，自顾自地咕嘟咕嘟喝起来。

夏小佑站在他们中间，认真地分析道："体育公园有一个北门，一个东门，你们俩是不是去的不是同一个地方？"

夏小佐忽然明白了什么，激动地问贾博："你去的是哪个门？"

"北门啊！"贾博说，"上次去的就是北门，我以为这次也在北门见呢！"

"咳，我去的是东门。"夏小佐不自觉地笑出了声。

事情终于**真相大白**了。原来，体育公园有两个大门，夏小佐打电话的时候，只告诉贾博8点在体育公园门口见，却没说清楚在哪个门口，结果才惹出这么一场闹剧。

夏小佑说："你们两个糊涂虫，一个不说清楚，一个也不问清楚，就在那里傻等，真是一对好兄弟呀！"

两个好朋友相视一

笑，心里的气也烟消云散了。夏小佐摸着脑门说："嘿嘿，是我没说清楚。下次我一定把地点说清楚，保准**再也不出错了**。"

过了几天，夏小佐想和贾博一起去科技馆玩。他拿起电话要给贾博打电话，夏小佑怕他又犯糊涂，就好心提醒他："把时间、地点说清楚，多重复几遍。"

"**放心吧。**"夏小佐拿起电话说，"贾博，明天有时间吗？一起去科技馆吧！上午9点，科技馆南门不见不散。"

"好，我知道了。"

刚要挂电话，夏小佐急切地说："等一下，明天上午9点，在科技馆南门，别记错了。是南门，记住了吗？"

"记住了，**这次肯定错不了**。"贾博说。

第二天，夏小佐和夏小佑乘坐公交车来到

科技馆南门，他们一下车，就看见贾博在门口等着呢。

"**贾博**！"夏小佐欢呼着跑过去，一把抱住了贾博，"这次终于找到你了。"

贾博从鼻子里哼了一声，说："你在电话里重复了那么多遍，连我们家鹦鹉都知道是上午9点，科技馆南门见了，我能记不住吗？"

夏小佐嘿嘿一笑，拉着妹妹和贾博走进了科技馆。

老师说

总有一些小朋友打电话时磕磕巴巴，问题表述不清楚。如果你想通过电话交代一些重要的事，一定要牢记，重要信息一定要说清楚，并且多重复几次，确保对方明白无误了，才不会耽误大事。

故事5

雨衣在哪里

明天曹老师要带同学们去郊游,夏小佐和夏小佑高兴极了。放学后,他们想把这个好消息第一时间告诉妈妈。不巧的是,妈妈的工作单位遇到了非常紧急的事,临时派妈妈出差了。准备东西的事,只能全部交给爸爸了。

晚上,爸爸按照老师的要求,刚把所有的东西都准备齐全,妈妈来电话了:"老夏,让小佐接电话，我要嘱咐他一些事情。没有爸爸妈妈陪着，我还真是不放心啊！"

多么让人感动的慈母心啊，可惜，夏小佐**不领情**。他和夏小佑正在幻想着明天郊游时的情景呢。这可是他们上小学后的第一次集体外出活动，怎么能不激动呢！

"小佐，妈妈叫你接电话。"爸爸把手机递给了夏小佐。

"妈，什么事？"夏小佐满脑子想的都是郊游的事，心不在焉。

"小佐，面包、牛奶、水果、水壶、湿巾都准备好了吗？"

"**妈**，曹老师在学校早就告诉过我们，我们已经全都准备好了，**放心吧**！"夏小佐不耐烦地回答道。

妈妈接着说:"曹老师在微信里说让带上……"

"知道了,知道了,老师让带的都带上了,我还有事呢,妈妈再见!"夏小佐想不明白,不就是出去郊游吗,有什么可担心的,妈妈竟然唠叨起来没完没了。没等妈妈说完,他就挂断了电话,继续去和夏小佑讨论郊游的事了。

第二天,同学们排着整齐的队伍登上了一辆旅游大巴车。一路上唱着欢乐的歌,来到了一片

绿油油的草地上。

大家一下车,就开始撒欢了。在草地上翻跟头、**打滚儿**,一会儿闻闻花香,一会儿追着蝴蝶跑,玩累了就躺在草地上,看云彩在天上飘来飘去,一个个好开心哟!

夏小佐发现了一只很奇怪的蝴蝶,扯着嗓子喊:"贾博,快追上那只蝴蝶,它的翅膀上有两只眼睛。"

在大家的嬉笑打闹声中,天气突然变得阴沉沉的,没过多久,雨点便淅淅沥沥地从天上落下来了。

"下雨了，"曹老师向同学们喊道，"大家快把雨衣穿上。"

同学们从书包里拿出雨衣，穿在身上。夏小佐和夏小佑却傻眼了："曹老师，我们没带雨衣。"

"啊？"曹老师惊讶地说，"昨天晚上，我在群里发通知，让你们都带上雨衣呀，你们没收到信息吗？"

"只有妈妈在微信群里,她昨天出差了,没在家。"夏小佐觉得很委屈。

同学们穿着雨衣,在小雨中玩得很开心。曹老师也想让大家感受一下春天的雨,她无奈地对夏小佐兄妹俩说:"你们俩先去车里避避雨吧,等雨停了再出来玩。"

兄妹俩**闷闷不乐**地回到车上。夏小佐委屈巴巴地说:"妈妈为什么偏偏昨天出差呀?害得我们都不能好好玩了。"

"是啊！她看见微信群里的消息，应该打电话告诉咱们的。"

"电话？"夏小佐突然眼前一亮，"难道昨天妈妈打电话是想提醒我们带上雨衣？一定是这样。可惜，我满脑子想的都是郊游的事，没等妈妈说完就把电话挂了。"

"唉！"夏小佑叹着气说，"原来我是被哥哥连累了。现在好了，我们只能坐在车上，看大家郊游了。"

"希望雨能早点儿停！"

夏小佐从车窗里看着小伙伴们在雨中玩耍，听着此起彼伏的欢笑声，后悔极了。

老师说

接电话心不在焉，急急忙忙挂断电话，是不礼貌的，而且也很有可能会错过一些非常重要的信息。说再见之前，要礼貌地询问对方："您还有其他事情吗？"等对方把要说的事情说完，再礼貌地说再见，挂电话。